Les pages 3 à 12 manquent

LA BEATIFICATION DES TROIS PREMIERS MARTYRS DE LA

Compagnie de Iesvs au Iappon,
Paul, Iean, & Iacques,
Iapponnois.

Par N.S. Pere le Pape Vrbain VIII.

Et l'Indult de sa Sainctete, leurs Images, &
la Relation de leur Martyre.

A PARIS,
Chez SEBASTIEN CHAPPELET, ruë S.
Iacques, au Chapelet.

M.DC.XXVIII.

INDVLT ET PERMISSION

DE N. S. PERE LE PAPE VRBAIN VIII. DE celebrer la saincte Messe, & de dire l'Office pour les trois bien-heureux Martyrs, Paul Michi, Iean de Goto, & Iaques Ghisaï de la Compagnie de Iesvs.

VRBAIN PAPE VIII.

Comme ainsi soit, que nous tenons en terre, sans aulcun nostre merite, la place de nostre Seigneur et Sauueur IE-

SVS-CHRIST, qui donne la Couronne d'immortalité au Ciel à ses valeureux Champions, desquels la mort est precieuse deuant ses yeux; Aussi nous receuons tres-volontiers les prieres & les vœux des fidelles Chrestiens, nommément des Roys et grands Seigneurs, par lesquelles nous sommes conuiez à aduancer la gloire & l'honneur de ces mesmes saincts combattans, & à glorifier Dieu qui est tousiours admirable en ses Sainctes. C'est pourquoy, nous ayant esté faict à sçauoir par nos bien-aymez enfans, le General & les Prestres de la Compagnie de IESVS, que nos Venerables freres les Cardinaux de la saincte

Eglise Romaine, ordonnez sur les Rites, auoient trauaillé dans le sacré Auditoire de la Rote au faict de la canonization de trois Martyrs, Paul Michi, Iean de Goto, et Iacques Ghisaj, de la mesme Compagnie, lesquels pour le nom de IESVS-CHRIST, hors des murs de la ville du Nangazaqui, au Royaume de Iappon, auroiët esté mis en croix & percez de lance ; & que de rechef par nostre mandement special, les mesmes Cardinaux, au raport de nostre bien-aymé fils, Tibere Cardinal Prestre du tiltre de saincte Prisque, l'ayant discuté meurement, auroient iugé qu'il constoit suffisamment de leur Martyre, & de leurs miracles: et que partant l'on pouuoit proceder à leur canonization actuelle quand on voudroit. Ensuite dequoy lesdits General & Prestres de ladite Compagnie, pour la deuotion qu'ils portent à ces trois Martyrs, nous ont demandé la permission d'en dire la saincte Messe & l'office, iusques à ce que l'on procedast à leur solemnelle Canonization: & de cecy encore nous auons esté requis par nostre fils bien-aymé Philippe Roy Catholique, et nostre tres-chere fille Elizabeth de France Royne Catholique d'Espagne, & des Chrestiens des Isles Philippines, de Meaco, & de Nangazaqui: Nous desirans gratifier & fauoriser ledit General & lesdits Prestres de la susdite Compagnie : Premierement les absoluons de toute sentence d'excommunication, suspension ou interdit, & de toutes autres peines & censures Ecclesiastiques à iure vel ab homine, desquelles ils seroient innodez, afin de pouuoir iouyr seulement de l'effect des presentes; Et inclinans aux prieres qu'ils nous en ont humblement presenté; De par l'aduis des susmentionnez Cardinaux, nous leurs octroyons, par l'auctorité Apostolique que nous auons, que les Prestres de ladite Compagnie puissent celebrer la saincte Messe, & dire l'office de Communi plurimorum Martyrum, en l'honneur des trois susdits Martyrs, le iour de leur feste, qui est le cinquiesme de Feurier. Nonobstant toutes autres constitutions et ordonnances Apostoliques & tous autres empeschemens. Et si mandons, qu'on adiouste foy aux coppies imprimees de nos lettres presentes, pourueu qu'elles soient soubsignées d'vn Notaire public, & marquées du sceau de quelque personne qui tiendra rang dedans l'Eglise, comme si actuellement nos presentes lettres estoient representees & exhibées. Faict à Rome, à saincte Marie Maieur, soubs l'anneau du Pescheur, le quinziesme de Septembre mil six cens vingt-

RELATION DV MARTYRE DES

Bien-heureux Paul, Iean, & Iacques, premiers Martyrs de la Compagnie de Iesvs au Iappon, Beatifiez par N. S. Pere le Pape Vrbain VIII. le 15. du mois de Septembre, l'an 1627.

E Iappon ayant esté par cy deuant presque tousiours commandé par diuers Seigneurs, peu de temps auparauant que Sainct François Xauier de nostre Compagnie, l'Apostre des Indes, y mit le

pied, & y sema l'Euangile, toutes ces Isles & Seigneuries se rallierent soubs le gouuernement d'vn seul Prince, qui s'establist en ces contrees vne puissante Monarchie, de laquelle iouissoit paisiblement vers l'annee nonantiesme du siecle passé, celuy qui se faisoit nommer Taicosama. Ce Prince n'ayant autre dessein que de se bien affermir dans les Estats qu'il auoit enuahy sur son predecesseur, qu'il auoit traistreusement mis à mort, fut à son aduenement à la couronne assez content du commerce des Portuguais: mais donnant trop de pouuoir à vn Medecin qu'il tenoit tousiours proche de sa personne, qui hayssoit nostre saincte Religion, comme trescontraire à la vie desreiglee qu'il menoit, il changea d'inclination pour les estrangers, & les apprehendant comme capables de le trauerser en ses Estats, par vn Edict general, bannit les Portuguais & nos Peres de ses terres, & deffendit soubs griefues peines à ses subiects d'embrasser la foy de IESVS-CHRIST. Nonobstant ces Edicts, nos Peres demeurent dans le Iappon iusques au nombre de cent trente, pour cultiuer tousiours ceste Eglise naissante, sur laquelle Dieu sembloit verser les tresors de ses graces à pleines mains: seulement pour oster tout ombrage aux ennemis de nostre foy, les Seigneurs Catholiques iugerent expedient, que nos Peres laissants leur habit ordinaire, se contentassent de longs manteaux, comme les portent au Iappon, ceux qui dans l'erreur de leurs sectes font estat d'auoir renoncé au monde, & de s'addonner plus particulierement au seruice des Idoles. Dauantage, on trouua bon qu'ils changeaſſent de logis; & en ce remuement de maiſons, trois Iapponnois de noſtre Compagnie, nommez Paul Michi, Iean de Goto, & Icaques Ghiſaï, eurent leur departement en la ville d'Ozaca.

Il eſt vray que outre la moderation qu'on apportoit pour addoucir la colere de Taicoſama, qui de ſoy meſme ſe ſatisfaiſoit aſſez en ſon eſprit de voir qu'on euſt deferé quelque choſe à ſes Edicts, quelques Seigneurs que nos Peres auoient conuerty, & eſtoient des plus qualifiez de la Cour, & d'autres auſſi, qui, encore qu'idolatres, ſe plaiſoient de bienfaire à des eſtrangers, auoient conduit l'affaire à tel point, que ce Prince laiſſoit les choſes aller comme auparauant, meſme il voulut voir quelques vns de nos Peres, & ne ſe ne se monstroit plus si rigoureux aduersaire de nostre saincte Foy comme il auoit fait par le passé.

Mais sur ces entrefaites quatre Peres Religieux de S. François, partis de Manila aborderent au Iappon, qui s'estant presentez au Roy, & receus en qualité d'Ambassadeurs que luy enuoioit le Gouuerneur des Philippines, luy demanderent permission de prescher l'Euangile, ce qu'il leur refusa, mais bien leur permit il d'aller voir la ville de Meaco. Les Peres du commencement logerent chez quelque Idolatre, tandis qu'on leur eleuoit vne Chappelle en vne autre maison plus logeable, en laquelle s'estans transportez, ils ne firent point de difficulté d'ouurir ladite Chappelle, & d'y prescher l'Euangile publiquement. Ceste saincte feruseur remit le Christianis-

B

me en ſa premiere deuotion, auec vne ſi grande eſmotion dans les eſprits de ce peuple, que les Gouuerneurs de la ville ſe trouuerent bien empeſchez à obuier aux accidens qui arriuent ordinairement en ceſte ſorte de remuëment d'eſprits & de Religion. Auſſi le bruit en ayant eſté porté à la Cour, le Medecin n'oublia point de s'en ſeruir pour animer le Roy à reprendre ſes premieres choleres. Et de faict ce Prince commanda qu'on mit les Peres de S. François en priſon, & tous les autres Iapponois qu'on trouueroit eſtre Chreſtiens.

L'on comptoit deſia lors plus de trois cens mille Chreſtiens dans toutes les Iſles du Iappon; tellement qu'auſſi toſt qu'on ſceut qu'on en venoit au martyre & aux tourments, e peut aſſez croire quelle ardeur s'eſpandit par tous les cœurs de ceſte nouuelle Chreſtienté. Le Roy auoit enuoyé vn de ſes officiers à Meaco, afin de ſe ſaiſir des Peres de S. François, & de tous ceux qui les frequentoient: car les meſmes Seigneurs qui s'eſtoient employez pour les Peres de noſtre Compagnie, la premiere fois, obtindrent encore ceſte ſeconde fois cy qu'on laiſſaſt nos Religieux en repos, & ceux auſſi d'entre les Chreſtiens qui les hantoient. Cet Officier, ſelon la couſtume du pays, apres auoir donné des gardes aux Religieux de ſainct François, qui pour lors eſtoient dans Meaco, ſe mit auſſi toſt à prendre les noms des Chreſtiens qui ſe preſentoient pour le martyre: mais chacun eſtimant que le Roy en voulut à tous, le nombre de ces bons Chreſtiens qui donnerent leur nom, fuſt ſi grand,

B ij

que cet Officier fuſt d'aduis, de ne paſſer plus outre, mais aduertir le Roy de ce qui ſe paſſoit, & ſçauoir quel ordre il tiendroit en ceſte ſi grande multitude de perſonnes qui ſe preſentoient à la mort.

Et ceſte ferueur n'eſtoit pas ſeulement dans le ſimple peuple, mais encore parmy les ſeigneurs qui ayant de grandes charges dans le Royaume, ſe rendirent incontinent à Meaco, pour bailler leur nom, & le premier qui fut couché ſur le roolle, fuſt Iuſte Vcondono, Seigneur de ſi grande qualité, qu'il auoit commandé des armees, & gaigné de grandes batailles, & eſtoit le plus apparent de la Cour. Ce fuſt auſſi pourquoy ce premier roolle cy n'euſt point d'effect: les Officiers ne voulant pas monſtrer au Roy qu'il y euſt tant de Chreſtiens, & de ſi qualifiez: auſſi que le Roy depuis auoit tesmoigné, qu'il n'en vouloit qu'aux Religieux des Philippines, & à leurs adherans: tellement qu'auec ceste mesme restriction, on se prend derechef à prendre les noms, & s'en presenterent ceste seconde fois de ceux-là seulement qui frequentoient les Religieux de sainct François, cent & soixante & dix; ce qui leur semblant estre encore trop, ils le reduirent à quarante sept; qui estans portez aux Gouuerneurs ils n'en choisirent que douze seculiers, & six des Religieux, est à sçauoir les quatre qui estoient venus des Philippines, & deux autres du mesme ordre, dont l'vn fut pris à Ozaca, & l'autre fut aresté sur vn vaisseau qui vint eschoüer à Tozza, bannissant du Iappon les autres cinq leurs compagnons.

Mais comme le Roy se plaignoit

B iij

du mauuais ordre qu'auoient tenu les Gouuerneurs de Meaco, à laisser ainsi prescher l'Euangile contre ses Edicts; Les Officiers qu'il auoit à Ozaca apprehendant son courroux, se saisirent de trois des nostres qu'ils auoient en leur ville & les enuoyerent à Meaco, ou on les mit auec les autres prisonniers, & quelque diligence qu'on fist apres pour leur faire sçauoir que le Roy n'entendoit point que nos Peres fussent compris dans ce dernier Edict, il n'y eust iamais moyen de les recourir de leurs mains. Ces trois bons Religieux estoient Paul, Iean & Iacques, qu'on auoit laissé à Ozaca pour garder la maison durant la persecution precedéte. Paul Michi estoit aagé de trente trois ans, & ayant esté baptizé assez petit, du depuis estoit entré en nostre ordre à vingt & deux ans,

& rendoit de grands seruices à ces Chrestiens: iusques là mesme, qu'en ce peu de temps qu'il demeura prisonnier à Ozaca, il conuertit six criminels, & les baptiza dans la prison: & estât à Meaco, il y conuertit deux autres prisonniers qu'il laissa bien disposez de receuoir le Baptesme. Il estoit plein d'vne singuliere feruour, & preschoit le sainct Euangile auec vn tres-grand succez: dix ou douze iours deuant qu'on mit des gardes à nostre maison, Paul voyant qu'on menoit au supplice vn criminel, se ietta dedans la foule du peuple qui le suiuoit, & le sceut si heureusement prescher, qu'il le conuertit, & estant arriuez au lieu de son supplice, il l'y Baptisa deuant toute l'assistance, & l'enuoya au Ciel, n'ayant dans son supplice autre parole à la bouche que les sacrez noms

B iiij

riua qu'on appella Matthias qui ser-
uoit les Religieux de S. François: le-
quel par rencontre estoit lors par la
ville pour quelque affaire: vn bon
Chrestien qui estoit accouru comme les autres à ceste lecture, & se
nommoit aussi Matthias, voyant
que personne ne respondoit, se pre-
senta à l'Officier du Roy, & luy dit,
que veritablement il n'estoit pas ce
Matthias qu'il auoit nommé, mais
qu'au reste il portoit mesme nom, &
qu'il estoit pareillement Chrestien,
& amy des Peres que l'on menoit à
la mort. Le Magistrat indigné de
ceste franchise, luy repartit que c'e-
stoit assez, & qu'il seroit aussi sup-
plicié: & ainsi fust enchainé auec les
autres, & mourut glorieux Martyr,
en quoy nous pourriós puis dire de
luy ce qui est escrit de l'Apostre S.
Matthias, *sors cecidit super Matthiā*

annumeratus est cum vndecim. Dedans ce nombre il y euſt de la merueille à voir la conſtáce de quelques enfans, car il y en auoit vn nommé Thomas, qui n'auoit que quinze ans, & vn autre nommé Louys, qui n'en auoit que onze ou douze: auquel comme vn Seigneur du pays feit offre de ſa faueur pour le faire deliurer, & luy promit de le retirer à ſon ſeruice; mais, luy dit-il, il vaudroit mieux que vous prinſiez vous meſme le ſeruice du Createur du Ciel & de la terre, que de luy desbaucher ſes ſeruiteurs.

En fin le troiſieſme iour de Ianuier eſtant arriué, nos Martyrs, au nombre de vingt-quatre, furent conduits en la grande place de la ville de Meaco, où on leur couppa à tous, vne partie de l'oreille gauche encore que le Roy euſt commandé qu'on leur couppast le nez & les deux oreilles: apres on les fit monter dans des charrettes trois à trois, & promener ainsi partoute la ville, le peuple y accouroit de tous costez pour les veoir, & ce fust plustost pour eux vn triomphe de gloire, qu'vne ignominieuse conduite, cóme le desiroient leurs ennemis. Deuant la premiere charrette l'on portoit au bout d'vne perche cet escriteau, qui estoit la sentence de leur condamnation, en ces termes. *Parce que ces criminels, estans venus en mes terres, des Isles Philippines, ont presché l'Euangile des Chrestiens contre mes edicts, & parce que quelques autres ont donné leurs noms, comme ayant esgalement participé à l'infraction de mes ordonnances, i'ay commandé qu'on les menast à Nangazaqui pour les mettre en Croix. Et reitere mes edicts passez, con-*

tre ceux qui embrasseront la loy estrange-
re, auec chastiment de pareil supplice à
ceux qui y contreuiendront. De Meaco
ils furent menez à Ozaca, pour les
faire voir au peuple sur ces charrettes, & de la ville d'Ozaca, à celle de
Sacaï: on leur faisoit faire tousiours
le chemin à cheual, & prenoit-on
garde qu'ils ne fussent accablez du
voyage, ou de quelque autre incom-
modité, tant le Roy desiroit qu'ils
fussent suppliciez, & que ceste action
portast de la terreur & de l'espou-
uante dans le cœur de tous ses suiets,
pour les destourner de nostre saincte
foy. Ce qui fut cause qu'on les con-
duisit par terre de Sacaï, d'où ils par-
tirent le neufiesme du mesme mois
de Ianuier, plustost que par eau, encore que ce chemin fust plus court.
Neantmoins ce voyage ne se fit pas
sans que les Martyrs n'y endurassent

beaucoup; auſſi les vouloit-on ſeulement conduire vifs à leur ſupplice; car le temps eſtoit faſcheux, & eux tres-mal pourueus cõtre les rigueurs de l'hyuer. En partant de Meaco le P. Organtin de noſtre Compagnie auoit enuoyé vn homme exprez, nommé Pierre, pour ſubuenir aux neceſſitez de nos trois freres, pendant le chemin : & vn autre homme de bien, nommé François, s'eſtoit auſſi ietté entre les ſoldats, pour rendre le meſme ſeruice aux religieux de S. François. Mais leur charité fut mal priſe des gardes, tellement que quelques vns plus rudes & difficiles, leurs mirent auſſi les fers aux mains, & en chargerent le roolle des criminels. Il arriua donc que les gardes ſe changeant aux villes par où ils paſſoient, iamais il n'y euſt plus moyen de les deliurer, & encores qu'on repreſentaſt aſſez au Gouuerneur de Nangazaqui quand ils y furent arriuez, que la ſentence du Roy ne comprenoit que les vingt-quatre, à qui meſme deſia on auoit couppé l'oreille à Meaco, toutesfois luy apprehendant que ſes ennemis ne priſſent occaſion de l'accuſer de quelque conniuence s'il les eſlargiſſoit, il les fit conduire au ſupplice auec les autres, pour parfaire le nombre de vingt & ſix.

Auſſi toſt qu'on ſçeut que nos Martyrs approchoient de la ville, le Gouuerneur d'vn coſté fit dreſſer 26. Croix en vne grande place hors des murailles; & de l'autre, tout le peuple leur courut au deuát pour les receuoir, chacun auec ſon ſentiment particulier; les Chreſtieus eſtoient pluſtoſt aiſes que deſplaiſans, les idolatres eſtoiét rauis en admiration d'v-

ne si rare vertu. Les Croix au Iappo[n]
sont composees d'vn grand bois qu[i]
fait le poteau, & d'vn autre qui tra[n]
uerse, pour attacher les deux bras,
de plus d'vn troisiesme, moindre
que le second, pour attacher les
pieds, & finalement d'vn quatries-
me, qui les soustient en partie, comme s'ils estoient vn peu assis. Ils ne se
seruent point de cloux pour attacher
le corps du patient, mais ils attachent
les mains & les pieds auec des cercles
de fer qu'ils clouënt au bois, & mesme se seruent quelquefois d'autres
cercles semblables à la ceinture, &
aux deux coudes : tellement que le
crucifié n'endure pas tant. Mais
quand il les ont laissé quelque temps
en cet estat à la veuë du peuple, les
executeurs s'approchent, qui leur
percent le costé gauche d'vne lance,
si auant qu'elle passe aussi le costé
droict,

droict, & quelquesfois deux bour-
reaux se mettent apres vn seul crucifié pour le percer de la sorte; tellement que de ce premier coup, ordinairement ils perdent la vie, s'ils tar-
dent neantmoins on recharge de
nouueau, iusques à ce qu'on les voye
expirer.

   Nos vingt & six Martyrs furent
diligemment attachez à leurs Croix,
qu'ils auoient au prealables saluëz à
genoux, & baisé tendrement, apres
qu'on les eut demonté de cheual:
mais sur tous le petit Louys, aussi tost
qu'il les eust veu, s'escria auz soldats
en demādant laquelle estoit la siéne,
& la vint embrasser en pleurāt d'aise.
L'ordre de leur crucifiement est tel,
qui sera mis à la fin de cette relation:
chacun taschoit d'encourager son
compagnon, & n'y auoit celuy qui
ne parlast ou à Dieu ou aux hommes

C

selon sa langue. Nostre Bien-heureux Paul, comme bien versé en la predication, tint long temps l'assemblee en grād silence, tandis qu'il disoit, qu'il se trouuoit auiourd'huy au lieu le plus honorable de la terre, qu'il estoit lapponnois & leur compatriote, & auoit esté baptisé dés son bas aage, qu'il estoit de la Compagnie de IESVS, & mouroit volontiers pour la saincte foy de IESVS-Christ : & apres plusieurs belles remonstrances qu'il fist au peuple, qui l'escoutoit fort attentiuement, il conclut, disant; Ie croy que vous iugez assez qu'estant en ce dernier moment de ma vie, ie ne suis pas pour preiudicier en rien à la verité. Ie vous declare donc deuant le grand Dieu, pour qui ie meurs, qu'il n'y a point de voye de salut, que la foy que tiennent les Chrestiens. Aussi este foy m'enseignant à pardonner aux ennemis, ie pardonne volontiers à ceux qui m'ont conduit à ce supplice, & les prie en fin d'ouurir les yeux, & de ne se point rendre indignes de la grace, que Dieu leur offre. Louys qui estoit crucifié assez proche de luy, monstra que ce que Paul auoit dit estoit veritable, & autant qu'il pouuoit des gestes & de la parole, benissoit Dieu du bien qu'il receuoit.

Apres qu'vn chacun des Martyrs eust donné quelque tesmoignage de sa deuotion, quatre executeurs vindrent auec leurs lances, & se mirent en deuoir de consommer cet aggreable sacrifice, ce qui se fit assez promptement rechargeant sur ceux qu'ils voyoient n'auoir pas encore expiré. L'on n'entendoit par tout qu'vne grãde clameur, de ceux d'en-

C ij

tre le peuple, qui pour les encourager crioient Iesvs, & Marie, & desir Martyrs mesme, qui emploioient la leurs derniers souspirs à loüer Dieu. Ainsi s'accomplist ce sacré Martyre le 5. iour de Feurier de l'an 1597.

S'ensuit le nom des Martyrs selon l'ordre de leurs Croix, qui estoient esloignees les vnes des autres de trois ou quatre pas: Le 1. estoit, François, 2. Cosme, 3. Pierre, 4. Michel, 5. Iacque Ghisaï de nostre Compagnie, 6. Paul Michi, de la mesme Compagnie, 7. Paul, 8. Iean de Goto de nostre Compagnie, 9. Louys ieune garçon d'onze à douze ans, 10. Antoine. Puis suiuoient les six Bien-heureux Religieux de S. François: tellement que l'onziesme estoit le Pere Pierre Baptiste, 12. Frere Martin de l'Asension, qui auoit esté pris à Ozaca, 13. F. Philippe de Iesvs ris à Tozza dans le vaisseau qui y devint eschoüer, 14. F. Gonzalue Garientia, 15. le P. F. François le Blanc, 16. F. François de S. Michel. Puis suiuoient les autres seculiers, 17. Matthias, celuy dont nous auons parlé, 18. Leon, frere de Paul, qui est septiesme, 19. Bonauenture, 20. Thomas aagé seulement de quinze ans, 21. Ioachim, 22. François, qui estoit Medecin à Meaco, 23. Thomas, 24. Iean, 25. Gabriel aagé de dixneuf ans, 26. Paul.

Plaise à sa diuine Majesté, qui se monstre si liberale, non seulement au Ciel, mais encore sur la terre, à recompenser les trauaux qu'on endure pour son amour, de daigner par les merites de ces bien-heureux Martyrs, faire tousiours fleurir ceste nouuelle Chrestienté, & donner le repos en fin à ceste Eglise naissante, qui du depuis leur martyre a presq[ue] touſiours eſté grandement perſec[u]tee par les Princes qui ont comman[dé] au Iappon, & ruiſſelle enco[re] tous les iours du ſang de ceux qui l[e] cultiuent : comme auſſi de daign[er] par l'interceſſion & les merites d[e] ces meſmes Glorieux Martyrs, pro[ſ]perer les armes victorieuſes de no[ſ]tre Roy tres-Chreſtien, & luy don[ner] le ſuccez en ces ſainctes & Roya[les] entrepriſes, que luy demanden[t] tous les gens de bien par le Royaume, auec tant d'inſtance & de prieres. Ainſi ſoit-il.

FIN.

resq
rfec
ımaı
nco
qui
ignc
es d
pro
no
lon
oya
len
au-
rie-

BIBLIOTHEQUE NATIONALE DE FRANCE

3 7511 00459266 6

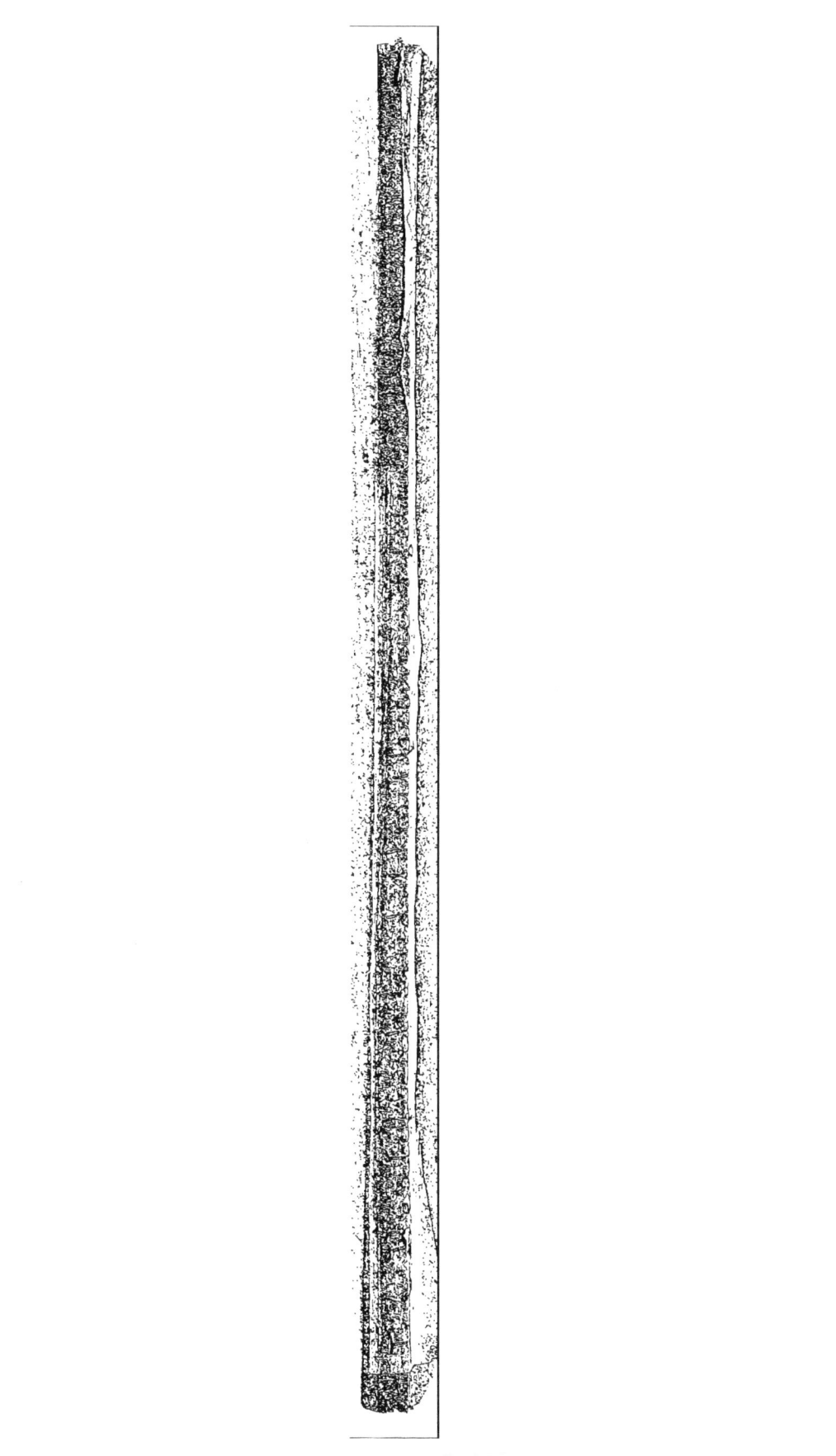

www.ingramcontent.com/pod-product-compliance
Lightning Source LLC
Chambersburg PA
CBHW061008050426
42453CB00009B/1320